AF226983

PROJET

D'UNE COALITION GÉNÉRALE

CONTRE

L'EMPIRE DES MERS

ET LE MONOPOLE DU COMMERCE,

USURPÉS PAR L'ANGLETERRE;

Suivi d'une

INVITATION

ADRESSÉE A TOUS LES PEUPLES

DU CONTINENT EUROPÉEN,

Pour les engager à reconquérir la liberté des mers.

PROJET

D'UNE

COALITION GÉNÉRALE

CONTRE

L'EMPIRE DES MERS

ET

LE MONOPOLE DU COMMERCE,

USURPÉS PAR L'ANGLETERRE.

Par S. GRENIER, Officier d'artillerie retraité.

Prix : 60 centimes.

————————————————

Se vend

A CARCASSONNE,

Chez C. LABAU, Imprimeur, rue des Orfévres.

On poursuivra comme contrefait tout exemplaire
qui, comme le présent, ne portera pas la signature
de l'Auteur.

PROJET

D'UNE COALITION GÉNÉRALE

CONTRE

L'EMPIRE DES MERS

ET LE MONOPOLE DU COMMERCE,

USURPÉS PAR L'ANGLETERRE.

C'EST à vous, grands et puissans Monarques du continent européen, que je m'adresse; c'est le sceau à jamais ineffaçable de votre gloire, de votre repos et sur-tout de la prospérité de vos peuples que je vous offre; c'est une vérité que vous trouverez écrite sur son empreinte : puisse-t-elle se graver dans vos cœurs, et mes vœux seront satisfaits !

Manes révérés du bon Henri, du grand Frédéric, de Charles-Quint, de Charles XII, de Marie-Thérèse, de Catherine et de tant d'autres illustres Souverains, écoutez la voix suppliante des descendans de ces peuples que vous rendîtes grands et heureux; ils implorent en leur faveur votre médiation auprès de vos dignes successeurs. Montrez-vous à eux environnés de tout l'éclat de votre gloire; dites-leur que, comme eux, vous fûtes les idoles de vos peuples, et que les larmes qu'ils versèrent à votre mort ne tarirent qu'à leur dernier soupir; mais que cependant il manque un fleuron à cette couronne immortelle que la postérité a placée sur vos têtes, et qu'il n'était pas en votre pouvoir de cueillir ; dites-leur que, plus heureux que vous, la carrière leur est ouverte et le succès assuré , pourvu que, d'un commun accord, ils lancent un regard foudroyant sur la perfide Albion, l'ennemie jurée des autres nations; dites-leur aussi que leur sollicitude paternelle ne fera que pallier la misère publique , s'ils ne prennent des mesures vigoureuses pour dégager le commerce des chaînes odieuses que l'Angleterre lui a forgées ; dites-leur enfin que c'est pour leur réserver la gloire de cette noble entreprise, que les dieux, à votre prière, ont arrêté dans sa course victorieuse l'homme extraordinaire qui naguères osa leur en frayer la route.

Oui, grands Monarques, cet homme avait saisi la véritable pierre de touche, en établissant le système continental au préjudice de l'Angleterre. C'est une vérité que le Cabinet de Londres savait bien apprécier ; aussi fit-il les plus grands sacrifices en hommes et en argent pour éloigner de lui la foudre qui le menaçait et qui était prête à l'atteindre.

Tous ces efforts de la nation anglaise doivent vous convaincre, grands Monarques, que sa puissance colossale n'est pas aussi solide qu'elle le paraît, et qu'il existe des moyens sûrs pour la détruire. J'avoue qu'au premier aspect ces moyens, vraiment extraordinaires, paraîtront à vos Majestés peu praticables ; mais, comme l'on dit, aux grands maux les grands remèdes Où est le mal ? — C'est dans l'intérêt qu'a l'Angleterre d'être continuellement en guerre ouverte ou secrète avec les autres nations du continent et particulièrement avec la France sa rivale la plus dangereuse.

Qu'arrive-t-il aussi ? — Que quelque solidité que paraisse avoir une paix signée avec elle, il faut se tenir toujours en garde, parce qu'elle ne saurait inspirer aucune confiance. Si elle ne vous fait pas une guerre directe, ce sera parce que votre alliance lui sera nécessaire ; mais, ne vous y trompez pas, elle vous fera, par son or, entrer en lice avec votre voisin, parce que c'est dans votre affaiblissement qu'elle trouvera son élévation.

Ce ne sont pas des suppositions, mais bien des faits que j'avance ; et, d'après eux, je crois pouvoir établir que la politique astucieuse du cabinet britannique peut être comparée à une maladie léthargique qui, en minant lentement

la santé de celui qui en est atteint, le condui-
rait infailliblement au tombeau, si ce dernier,
près d'y descendre, ne faisait un pas rétrograde
occasionné par l'usage qu'il a fait d'un remède
violent qu'il n'osait jusqu'alors employer, mais
dont l'effet salutaire était inévitable.

Ce qui est bon dans un cas, peut l'être aussi
dans un autre de même espèce. Le remède que
j'ai l'honneur de proposer à vos Majestés pour
les délivrer de la honte du joug des Anglais,
est précisément celui que, de concert avec ces
derniers, elles ont employé pour secouer celui
des Français.

Les uns tiennent avec orgueil le trident de
Neptune;

Les autres portaient avec gloire les foudres
de Jupiter.

Les foudres ont été brisées : le trident sera
englouti.

La marche que je vais tracer me paraît propre à obtenir ce résultat : pour plus de clarté,
je vais classer mes idées par articles.

ARTICLE I.er

Tous les Souverains s'assembleront en
congrès dans une des principales villes du
continent.

Art. II.

De ce congrès sera exclue l'Angleterre contre laquelle s'établira une coalition , dont le but sera de lui enlever le monopole des mers, vrai fléau des autres nations.

Art. III.

Deux voies seront employées pour y parvenir : 1° celle de la conciliation , 2° celle de la force.

Art. IV.

Dans celle de la conciliation , on invitera l'Angleterre à restituer aux autres puissances toutes les flottes et bâtimens quelconques qu'elle leur a enlevés depuis le commencement de la révolution française ; on l'invitera aussi à réduire sa propre marine au point d'être en harmonie avec celle des autres principales nations.

Art. V.

Dans le cas presque certain d'un refus de la part de l'Angleterre d'obtempérer à cette invitation, la force sera employée; et deux moyens de réussite s'offrent naturellement d'eux-mêmes.

Le premier est le rétablissement et l'obser-

vation la plus rigoureuse du système continental au préjudice de cette nation.

Le second est l'organisation, *à frais communs*, d'une marine dite de la coalition, assez
forte pour lutter avec avantage contre celle
des Anglais.

Art. VI.

La force de cette marine en matériel et
personnel, les dépenses qu'elle occasionnera,
la part que chaque puissance devra en supporter proportionnellement à sa population et à
ses revenus annuels, seront déterminés par
le congrès, qui devra être permanent jusqu'à
la fin de la guerre.

Les Souverains absens s'y feront représenter
par des plénipotentiaires.

Art. VII.

Pour parvenir plus facilement à la forma-
tion de la marine européenne, il sera établi
une seule caisse commune qui fournira à
toutes les dépenses, et dont l'administration
sera confiée à un conseil, dont les membres
hétérogènes seront nommés par le congrès :
chaque Souverain nommera le sien.

Le Président sera nommé par tous les Souverains réunis.

Art. VIII.

Le conseil d'administration de la caisse sera tenu, à la fin de chaque trimestre, de présenter ses comptes au congrès, qui ordonnera que, par un des quatre inspecteurs généraux qui devront être nommés en même temps que le conseil, il lui sera fait un rapport desdits comptes dans un délai déterminé.

Art. IX.

Une fois qu'une puissance aura fait son versement à la caisse commune, tout ce qu'elle fournira pour la construction, les agrès, approvisionnemens et armemens des vaisseaux, lui sera payé aux frais de la caisse, avec laquelle il pourra même s'établir une compensation relativement à ce même versement.

Art. X.

Les vaisseaux dont les puissances ont la propriété, et qui seront fournis dès-à-présent à la coalition, leur seront estimés, payés, ou bien tenus en compte par le conseil d'administration de la caisse commune.

Art. XI.

La construction de la marine de la coalition aura lieu dans les chantiers du continent désignés par le congrès.

ART. XII.

Au fur et mesure que les escadres s'organiseront, elles s'exerceront aux manœuvres de mer suivant la latitude que leur en fournira l'ennemi.

ART. XIII.

Toute la marine de la coalition confectionnée , elle sera montée par une armée navale destinée à opérer une descente en Angleterre. Sa force se composera des différens contingens des puissances coalisées , et qui seront déterminés par le congrès.

ART. XIV.

Cette armée navale sera soldée et entretenue jusqu'à la paix aux frais de la caisse commune.

ART. XV.

Cette expédition sera commandée , juqu'à son débarquement , par un grand Amiral nommé par le congrès : après son débarquement , elle sera commandée par un Général en chef d'une réputation méritée.

Art. XVI.

Les Etats-Unis d'Amérique ayant intérêt à l'entreprise , et pouvant faire une diversion favorable à la coalition , seront invités à y prendre part.

Art. XVII.

En cas de discorde entre deux ou plusieurs des coalisés , le différent sera jugé par le congrès ; et s'il y a refus de conciliation, le refusant y sera contraint de vive force par les autres coalisés.

Art. XVIII.

La campagne terminée , et la liberté des mers reconquise , la marine de la coalition sera dissoute , et divisée entre tous les coalisés proportionnellement aux frais qu'ils auront supportés pour en opérer l'organisation.

Art. XIX.

Le conseil d'administration de la caisse commune rendra ses comptes au congrès ; s'il y a un excédant de fonds , il sera partagé proportionnellement aux mises ; il en sera de même pour le partage du butin de toute nature fait sur l'ennemi, ainsi que des contributions de guerre qui lui seront imposées.

Telle serait à peu près, grands Monarques, la base de la coalition formée par vos augustes Majestés contre l'Angleterre ; coalition impérieusement ordonnée par les suites funestes de cette autre coalition de 1813, qui, en ruinant la France, a porté un coup terrible à tous les trônes et au bonheur des peuples.

C'est pour en amortir l'effet, que j'ai pensé qu'il était essentiel et urgent de captiver l'attention publique par l'entreprise de quelque grande expédition qui embrassât tous les intérêts.

J'ai cru mettre le doigt sur la plaie, en attribuant à l'Angleterre la misère affreuse qui depuis long-temps pèse sur les autres nations.

J'ai cru trouver le véritable antidote, en liguant toutes ces nations contre leur ennemi commun. Le résultat de cette lutte intéressante ne saurait être douteux. On connaît les heureux effets qu'avait produits le système continental de Napoléon, quoique mal exécuté. D'abord l'industrie prit un nouvel essor vers son perfectionnement ; le commerce de l'intérieur, entre toutes les nations du continent, s'ouvrit de nouvelles routes et devint très-florissant ; le numéraire n'avait presque point de prix, il circulait abondamment dans toutes les classes de la société ; les ouvriers et les artisans ne restaient jamais dans l'oisiveté, leurs familles ne manquaient jamais du nécessaire.

Si l'Angleterre n'eût pas existé, ou bien si elle nous eût laissés tranquilles , nous nous serions parfaitement bien suffi à nous-mêmes, sans songer qu'elle pût nous être d'aucun secours ; mais quand il serait vrai que son existence politique dût nous être indispensable, s'ensuit-il delà qu'elle doit s'approprier l'empire des mers et faire ramper les autres nations sous son joug humiliant ? Je rougis de honte , quand je pense qu'il faut être l'allié à gages de l'Angleterre , pour que d'autres bâtimens que les siens puissent faire une lieue sur mer ! De cette dure condition vous vous en affranchirez, illustres Monarques, par l'organisation de cette marine fédérative, contre laquelle viendra vainement lutter celle des Anglais , pourvu toutefois que votre coalition soit cimentée par l'union la plus parfaite.

Parvenus au terme de votre illustre entreprise, vous n'aurez plus qu'à jouir de votre gloire embellie par la bénédiction de vos peuples.

FIN.

INVITATION

ADRESSÉE A TOUS LES PEUPLES

DU CONTINENT EUROPÉEN,

Pour les engager à reconquérir la liberté des mers.

Européens de toutes les nations, l'histoire de tous les siècles nous offre l'affligeant tableau du sol que vous habitez, ravagé par des guerres continuelles. Cette fureur de s'entre-détruire les uns les autres ne devrait figurer que parmi les peuples les plus barbares ; cependant nous lui voyons jouer son principal rôle parmi ceux qui jouissent des bienfaits de la civilisation. La raison de cette étrange différence se déduit de ce que les uns sont, pour ainsi dire, étrangers à l'ambition et à la jalousie, source certaine de toutes les guerres ; tandis qu'au contraire les autres, plus avides de richesses et mieux éclairés sur leurs véritables intérêts, se laissent aveuglément guider par ces deux passions dangereuses. Cependant elles n'exercent pas également leur empire sur toutes les nations civilisées, dont les unes sont pacifiques et contentes des bornes que la nature leur a tracées, au lieu que les autres, mues par un esprit de conquête, le plus souvent illégitime, ne pensent qu'à forger des fers à leurs voisins.

C'est ainsi qu'en a usé la France pendant tout le cours de la révolution; c'est ainsi qu'en a usé l'Angleterre dans tous les temps. La France, après des succès inouis, a été forcément réduite dans son premier état. L'Angleterre, plus heureuse qu'elle, a acquis un degré de puissance effrayant pour les autres nations, et elle paraît en jouir tranquillement, sans qu'aucune d'elles s'en montre sensiblement affectée; on dirait même que le goût de l'anglomanie a fait entièrement oublier l'horreur et la honte que doit inspirer à tout ami de la liberté et de la justice, une pareille domination. Car qu'y a-t-il en effet de plus affreux et de plus injuste que de voir une peuplade d'insulaires, qui tout au plus ne devrait tenir qu'une place secondaire dans la balance politique; de voir, dis-je, ces insulaires être parvenus, par les voies les plus iniques, à expulser de la surface des mers les autres pavillons, pour y faire régner exclusivement le leur?

Peuples du continent européen, souffrirez-vous plus long-temps un état de choses aussi humiliant et si contraire à vos intérêts? Jusqu'à quand serez-vous encore les tributaires et les victimes d'une nation qui ne fonde sa prospérité que sur votre ruine? N'avez-vous donc pas encore ouvert les yeux sur cette politique astucieuse qui tant de fois vous a fait nager dans votre propre sang, pour mieux cacher la perfi-

die de ses entreprises ? Croyez-vous qu'à l'om-
bre d'une paix factice, hélas ! trop chèrement
achetée par ma patrie, elle ait cessé un seul
instant de machiner la perte des uns ou des
autres ? Et ne savez-vous pas, par une cruelle
expérience, qu'avec elle une guerre n'est pas
plutôt terminée, qu'une autre est déjà près
d'éclater ? A la vérité nous avons eu un moment de paix, qui a duré tant que la France a
servi de vache à lait aux autres nations, et
encore ce repos était nécessité par les circonstances où nous nous trouvions à cette époque
désastreuse. Mais à présent que la source a
tari, et que personne n'en a plus rien à atten-
dre, des bruits de guerre ne se sont-ils pas fait
entendre sur les bords de la Baltique ? Les
nuages ne commencent-ils pas à s'arrêter, et
la foudre ne menace-t-elle pas d'éclater sur la
tête de ce Prince jadis Français, et qui, quoi-
qu'absent de sa patrie, n'aurait jamais cessé de
l'être dans le cœur de ses anciens concitoyens,
s'il n'était venu à Leipsick tremper ses mains
dans le sang de ces héros soldats auxquels il
était en partie redevable de cette réputation
militaire qui lui a valu le trône de Charles XII ?

Suédois, et vous autres peuples du continent
européen, gardez-vous bien de prendre le
change dans cette circonstance dangereuse. On
voudrait vous faire recommencer à vous égor-
ger entre vous-mèmes, pour vous faire perdre

de vue vos intérêts les plus sacrés, ceux de
votre fortune et de votre conservation ; mais,
je vous le demande, quel fruit avez-vous retiré
de toutes les guerres que vous avez supportées?
quel fruit retirerez-vous de toutes celles qui,
comme les précédentes, n'auront d'autre but
que la dispute de quelque misérable coin de
terre ou quelque pas de préséance mal observé?
aucun, jamais aucun. Je veux bien que le
vainqueur parvienne par la force des armes à
éloigner au préjudice du vaincu les bornes de
son empire ; mais cette conquête sera-t-elle
bien durable, et ce dernier ne saisira-t-il pas la
première occasion favorable pour reprendre
ce qu'il aura perdu ? Au lieu donc d'en revenir
aux mains entre vous-mêmes et pour des motifs
aussi légers que ceux qui vous ont divisés et qui
ne peuvent qu'emmener des résultats ruineux
pour les uns ou les autres, éloignez de votre
sein la discorde prête à y éclater ; resserrez encore plus étroitement les liens qui vous unis-
sent, de manière que désormais aucune division
ne vienne troubler la paix et le repos néces-
saires au continent. Mais pour atteindre ce
chef-d'œuvre si désirable pour le bonheur de
l'humanité, il est un dernier sacrifice à faire,
sacrifice sollicité par vos intérêts les plus chers:
aussi, une fois que vous l'aurez fait, vous aurez
pour toujours fermé la porte à toutes les guerres.
L'ambition qui, comme je l'ai dit, en est la

source la plus ordinaire , ne s'arrêtera plus sur des sujets aussi frivoles que ceux qui vous ont divisés jusqu'à présent; elle aura un vaste champ ouvert pour satisfaire tous les intérêts. C'est de la liberté des mers , de cet apanage donné par la nature à toutes les nations, et qu'une seule s'est injustement approprié, que j'entends vous parler. Sans cette liberté, si nécessaire au bonheur des peuples , nous ne parviendrons jamais à nous débarrasser de cette misère affreuse qui nous dévore ; parce que le commerce, qui vivifie tout , n'aura point de marche certaine, et que tant qu'on l'entravera ou qu'il sera exposé à être entravé d'une manière quelconque, la méfiance viendra paralyser toutes ses opérations ; tandis qu'au contraire , s'il est libre et qu'il n'ait rien à craindre, la confiance deviendra générale , et c'est alors seulement que la prospérité publique ne sera plus une chimère. C'est d'ailleurs vainement que vous chercheriez à l'établir par d'autres moyens que ceux qui vous sont offerts. Toutes les ressources momentanées que vous pourriez vous créer à force de soins et d'industrie ne produiraient aussi que des effets de courte durée. Au lieu donc de tâtonner, il faut aller droit au but, et chercher à couper le mal dans sa racine. Cette entreprise est si effrayante, qu'il y aurait de la témérité si une seule nation , quelque puissante qu'elle fût d'ailleurs , en faisait l'essai : la France

nous fournit une preuve sensible et bien ré-
cente de cette assertion. Mais si toutes les nations, bien pénétrées du sentiment de leurs
forces, et bien convaincues de la nécessité de
cette entreprise, se réunissaient pour, d'un
commun accord, briser le joug des Anglais, je
n'ai pas le moindre doute que leurs efforts ne
fussent couronnés des plus brillans succès. S'il
en était autrement, notre perspective serait,
hélas ! bien malheureuse et bien déplorable,
puisqu'il faudrait nous résoudre à rester éter-
nellement sous la férule des Anglais ; car ce
serait une grande folie de croire que jamais ils
consentent volontairement à diminuer de rien
leur domination tyrannique ; au contraire je
pense, et mon opinion n'est point hasardée,
qu'ils ne négligeront aucune occasion favorable
et qu'ils travailleront continuellement pour
nous la rendre en même temps et plus grande
et plus odieuse. C'est une nation trop jalouse,
trop ambitieuse, et je dirai même à sa louange
trop remplie de patriotisme, pour espérer qu'elle
en agisse jamais autrement.

Il est donc essentiel et avantageux pour vous
tous, peuples du continent européen, que vous
preniez les mesures les plus promptes et les
plus efficaces pour reconquérir votre indépen-
dance. Les chaînes que vous portez, j'en conviens, loin de vous fatiguer, semblent au contraire avoir quelque chose d'attrayant, parce

que ceux qui vous les ont forgées, ont pris soin
de vous en alléger le poids par cette politique
raffinée qu'ils ont de promettre beaucoup et de
tenir peu. Ils ne manqueront pas aussi de vous
faire valoir les précieux avantages qu'il y a d'être
leurs alliés. Ils distribueront même encore la
paix à quelques-uns d'entre vous, après vous
avoir fait trouver directement ou indirectement
votre ruine dans quelque guerre désastreuse;
mais cette paix ne sera guère durable : elle sera
comme une de ces belles pluies d'été, qui, ne
durant qu'un moment, loin de désaltérer la
terre brûlée par la sécheresse, ne font que l'al-
térer davantage, en lui faisant produire des ex-
halaisons insalubres. Ce sera précisément lorsque cette paix commencerait à cicatriser vos
plaies et vous faire espérer un avenir plus heureux, que jaloux de ses bons effets, on cher-
chera un prétexte pour la faire rompre. Si donc
telle est la conduite de l'Angleterre à l'égard
des autres nations, pourquoi celles-ci la lais-
seraient-elles plus long-temps l'arbitre de leurs
destinées ?

Cependant je n'entends point crier aux armes
contre l'Angleterre ; je me rendrais même ré-
préhensible, ou plutôt je choisirais mal mon
temps, si telle était mon intention, et que je la
misse au jour dans un moment où nous sommes
en pleine paix avec cette nation. Je ne crie qu'à
l'injustice, parce que c'en est réellement une,

qu'elle se soit emparée du monopole du commerce, et qu'elle en profite pour vexer de toutes
les manières, et gouverner selon ses caprices
les autres peuples. Ainsi , sans recourir à la
force des armes , moyen qui ne doit être employé que dans un cas d'absolue nécessité ,
parce qu'on ne saurait jamais se montrer trop
avare du sang de ses semblables , il est une
voie plus sage et plus simple qui nous est ouverte, c'est celle de la conciliation. On peut
l'employer pour faire expliquer l'Angleterre sur
sa conduite ultérieure. Peut-être que lorsqu'elle
verra toutes les nations bien déterminées à lui
arracher de vive force ce qu'elle leur a injustement usurpé, et réfléchissant sur les suites
funestes que pourrait occasionner un refus de
sa part, peut-être, dis-je , se décidera-t-elle à
une restitution volontaire.

Mais si, au lieu de condescendre à cette restitution équitable, elle persiste à vouloir retenir
dans ses mains ce pouvoir oppresseur, fléau des
autres nations; alors plus de ménagemens à son
égard; la guerre la plus sanglante qu'on pourra
lui faire, sera la plus légitime; les moyens les
plus extraordinaires employés pour ruiner cette
puissance et en abattre l'orgueil seront les plus
justes, et la haine que tous les peuples devront
lui vouer, sera la mieux méritée.

C'est à cette cruelle extrémité que nous en
serons malheureusement réduits ; car, malgré

que j'aye proposé une voie conciliatrice à l'égard de l'Angleterre, je ne me suis pas dissimulé qu'elle serait infructueuse, parce que le pouvoir a quelque chose de trop attrayant, pour que l'on s'en dessaisisse aussi facilement, lorsque sur-tout on a fait tant d'efforts pour l'acquérir. Mais en proposant cette voie, j'ai voulu rendre l'Angleterre responsable, aux yeux de la postérité, de tous les malheurs qu'occasionnera la guerre qu'elle aura provoquée; j'ai voulu apprendre aussi à cette postérité impartiale quels sont les sentimens pacifiques qui vous animent, et combien vous auriez désiré qu'il vous eût été possible de reconquérir vos droits sans qu'il y eût eu une seule goutte de sang de versé.

Cependant, tout en vous exposant la nécessité de cette guerre, ce n'est pas de votre part, peuples du continent, que je la sollicite ; il ne vous appartient pas de vous administrer vous-mêmes les remèdes qui peuvent vous délivrer du mal qui vous opprime ; c'est auprès de vos Souverains respectifs que vous devez les chercher et les réclamer. Déjà je me suis permis, dans votre intérêt, de leur faire entendre la voix du malheur ; je leur ai demandé un baume pour fermer les plaies que ne cesse de vous faire un gouvernement jaloux de votre bien-être ; je leur en ai même offert un qui m'a paru salutaire : puissent-ils daigner le regarder d'un œil favorable , ou bien lui en substituer un de meilleur , dans le cas qu'il ne leur paraisse pas mériter leur attention. Ce n'est pas toutefois la source d'où il est émané qu'ils doivent considérer ; ils doivent au contraire réfléchir qu'une idée qui , au premier aspect, paraît des plus ordinaires, peut , examinée de près , être trouvée susceptible des effets les plus avantageux. Je vais , en peu de mots , vous analyser le plan que j'ai eu l'honneur de leur présenter.

D'abord personne n'ignore que c'est à la faveur de sa marine formidable que l'Angleterre pulvérise , quand il lui plaît , le commerce des autres nations , et que sans cette marine , son influence politique n'aurait que des effets de bien peu de conséquence. Ainsi donc c'est cette marine qu'il faut chercher à détruire. Par quels moyens ? par le seul qui existe ; c'est-à-dire par une autre marine d'une force égale ou supérieure à celle-là. Mais où la prendre , puisque toute celle de l'Europe réunie n'équivaudrait qu'à une faible partie de celle de l'Angleterre ? La réponse est facile. D'abord on doit commencer par mettre à profit cette faible partie qu'on vient de désigner, et ensuite s'occuper de la compléter par une autre marine de nouvelle création , dont l'organisation doit être opérée , *à frais communs*, par toutes les puissances continentales. Cette entreprise , qui paraîtra chimérique aux uns , et de facile exécution aux autres , est , à mon avis , la seule praticable. Si donc tous les Souverains étaient bien d'accord entr'eux , il ne s'agirait plus que de déterminer le nombre des vaisseaux en tout genre que devrait avoir cette marine , ensuite d'affecter les sommes suffisantes pour les construire ; et je suis sûr que , si une fois les fonds faits , les gouvernemens voulaient se décharger du soin de cette entreprise , ils trouveraient à organiser facilement des compagnies responsables , composées d'hommes du premier mérite , qui seraient bien aises de mettre leurs talens à contribution pour une cause aussi sainte. De cette manière les préparatifs de cette expédition se feraient sans beaucoup de bruit, et seraient terminés comme par enchantement , et avec cet avantage qu'ils auraient déjà remis dans l'aisance une foule d'ouvriers qui , faute de travail , mendient aujourd'hui leur pain dans les chantiers de construction. Mais il ne s'agit pas seulement d'avoir des vaisseaux , car selon moi rien au monde de plus facile, il faut encore des marins pour les monter ; et certes nous en manquons généralement, et pour les nouveaux, il faut très-long-temps pour les dresser. Je conviens de ces vérités ; cependant j'observerai qu'une fois les marins choisis , il peuvent être envoyés dans les ports , pour, pendant qu'on construira les nouveaux bâtimens , être exercés sur les anciens aux manœuvres de mer; et que

.d'un autre côté il ne faut pas des marins bien
experts dans la navigation pour aller jusqu'en
Angleterre ; l'essentiel est d'avoir une armée de
terre bien aguerrie , bien disciplinée , bien entretenue et sur - tout bien commandée , pour
qu'une fois la descente opérée , l'expédition ne
vienne pas à faillir après un début aussi glo-
rieux.

Pour ce qui concerne le débarquement , il
peut être plus facile que l'on ne pense. Il est
bien certain cependant que les Anglais feront
tout leur possible pour l'empêcher ; mais des
circonstances inattendues peuvent le favoriser,
telles qu'une tempête , des vents contraires qui
peuvent disperser ou éloigner les flottes enne-
mies , la difficulté qu'il y a de garder et de défendre tous les points de la côte propres à un
débarquement , et enfin la chance où l'on sera
de gagner une grande bataille navale, dans le
cas qu'elle ne puisse s'éviter. C'est à l'expérience
des chefs qui auront mérité la confiance des
Souverains que je m'en réfère pour la réussite
de ce débarquement , prélude des plus brillans
succès.

J'ai dit que les Anglais feraient tout leur
possible pour empêcher l'armée de débarquer.
Cela peut être vrai , parce que jusque-là le seul
mobile de leur conduite sera ce patriotisme,
unique fondement de leur fortune et qu'ils por-
tent jusqu'à l'excès. Mais une fois qu'ils verront

que leurs efforts auront été inutiles, et que tout
leur pays , si peu étendu qu'il peut à peine les
contenir, est susceptible d'être envahi en un
clin d'œil , alors le peuple, généralement mé-
content de son gouvernement , comme il ne
cesse de nous le prouver par ces assemblées
séditieuses où la classe des ouvriers joue un si
grand rôle ; alors, dis-je, ce peuple commencera
à se mutiner , les factions à s'organiser , et par
conséquent les forces britanniques à s'affaiblir.
Ces événemens arriveront d'autant plus facilement que le bas peuple est en Angleterre , comme
par-tout ailleurs , fort misérable, et partant peu
intéressé à défendre une cause dont il est la victime et à laquelle il ne cesse d'attribuer tous ses
malheurs. Car il ne faut pas croire que le système de domination adopté par l'Angleterre lui
soit sous tous les rapports avantageux. En ruinant le commerce continental, elle se porte plus
de préjudice que si elle le rendait libre , parce
que dans un cas elle se séquestre des autres
nations , tandis que dans l'autre elle pourrait
leur servir d'entrepôt général ; ce qui serait pour
elle une source de richesses bien plus durable
et plus abondante que celle qu'elle cherche à se
créer par la fraude et la mauvaise foi.

Voilà donc, peuples du continent, succinc-
tement développée l'idée que m'a inspirée le désir ardent de voir briser vos chaînes. Puissent-
elles vous paraître aussi odieuses qu'à moi-même!

et je suis sûr que si dans cette idée vous n'y reconnaissez d'autre mérite, vous y trouverez au moins celui d'être le fruit du plus grand et du plus sincère patriotisme.

Peut-être bien que, pénétrés de ces nobles sentimens, elle vous inspirera des moyens plus sûrs et plus prompts que ceux que je vous ai proposés. Seulement, et mes vœux seront accomplis, ne permettez plus que pour l'honneur et l'intérêt de toutes les nations, leur sort dépende à l'avenir d'une seule, qui, à force d'abuser de toutes les manières de cette influence tyrannique, les a précipitées dans un gouffre de malheurs incalculables, qui à peine laissent entrevoir un faible rayon d'espoir, qui bientôt, si vous n'y prenez garde, finira par s'éteindre.

Comme je vous l'ai dit, j'ai adressé dans votre intérêt une voix peut-être téméraire, mais du moins bien intentionnée, à vos augustes Souverains ; cette voix isolée et partie d'une source inconnue pourrait s'égarer dans sa marche, et manquer sa destination ; ou bien, si elle l'atteignait, n'avoir que des effets insignifians, à cause du peu de considération qui y est attachée : elle ne doit donc, si je puis m'exprimer ainsi, que servir d'avant-garde à celle que je vous invite à porter vous-mêmes aux pieds de vos Monarques respectifs. Celle-ci ne risquera pas, comme la mienne, d'être regardée comme un beau rêve embelli par des illusions trom-

peuses : elle emportera avec elle le caractère de
la réalité la mieux établie ; et dès-lors vos Souverains, frappés de vos malheurs, ne pourront
plus se les dissimuler, et seront obligés d'aviser
aux moyens de les réparer.

Des flatteurs vils, mais industrieux, ceux-là
même qui seraient le plus à portée de leur faire
connaître la vérité, et qui, en agissant ainsi,
pourraient se couvrir de gloire, ne pensent qu'à
la leur cacher ; il vous importe donc d'aller
vous-mêmes, par l'organe d'une élite nationale,
dérouler à leurs yeux le triste tableau de la misère publique ; dites-leur qu'elle est générale et
à son comble, et qu'elle se maintiendra dans
cet état, tant que la clef du commerce restera
confiée à l'égoïsme des Anglais; dites-leur aussi
que la confiance, qui n'a d'existence que par
l'activité du commerce, se trouve tout-à-fait
anéantie, et que si on ne prend des mesures
vigoureuses pour la rétablir, il est à craindre
que les liens de la société générale n'en soient
grièvement froissés, à cause du peu de rapport
qu'il y aura non-seulement de nation à nation,
mais encore de concitoyens à concitoyens ;
dites-leur enfin que pour réparer tant de maux,
ils n'ont qu'à vous faire connaître les moyens
que leur sagesse leur suggérera ; et que, pleins
de confiance, d'amour et de vénération pour
leurs augustes Majestés, vous les seconderez
de tous vos efforts.

Si , indépendamment de cette marine que je propose de créer , et qu'on pourra appeler *Marine de la coalition* , vos Souverains jugeaient encore à propos de rétablir contre l'Angleterre le système continental , promettez-leur aussi de ne jamais enfreindre une mesure tellement essentielle , que seule elle suffirait , si elle était bien observée , pour ruiner vos ennemis. Au lieu donc de laisser empoisonner votre commerce par le débordement de ces marchandises coloniales qui viennent absorber la majeure partie de votre numéraire , et que vous payez le triple de leur valeur , renvoyez-les avec dédain vers la source d'où elles proviennent ; armez-vous de courage pour supporter une privation qui tout à coup vous paraît monstrueuse , et qui au fond n'est que des plus ordinaires ; et lors même qu'elle serait telle que vous vous l'imaginez , je suis d'avis qu'il vaut mieux laisser aggraver le mal avec l'espoir d'en être bientôt délivrés , que de le conserver moins violent avec la certitude d'en devenir la victime. Car ne vous y trompez pas , tant que ce sera l'Angleterre qui fournira à vos besoins , loin de diminuer , ils augmenteront toujours , parce qu'en favorisant de cette manière les intérêts de cette puissance , vous portez un préjudice incalculable aux vôtres. Mais une fois que vous serez délivrés de cette influence calamiteuse , que vous serez parvenus , à force de courage et de patience , à vous suffire à vous-mêmes , qu'en un mot la liberté des mers sera irrévocablement assurée à toutes les nations , et que chacune d'elles pourra se glorifier d'y voir flotter et respecter ses pavillons ; c'est alors seulement, peuples du continent européen , que vous pourrez vous flatter avec certitude de voir votre position s'ameliorer. Vous irez vous-mèmes chercher dans les quatre parties du monde toutes les productions qui vous seront utiles. Celles-ci ne seront pas , comme celles que vous fournit la cupidité anglaise , exposées à des prix tellement variés , que souvent les meilleures maisons de commerce ont failli pour avoir mal prévu une hausse ou une baisse de ces marchandises. Désormais tout le monde pourra faire des spéculations sur tous ces articles, parce que les seules chances que l'on aura à courir , ne dépendront plus que des bienfaits de la Providence, qui peut nous les rendre plus ou moins abondans ; tandis qu'auparavant, quels qu'ils fussent , ces chances ne dépendaient que des caprices d'un gouvernement , qui souvent s'est servi de cette faculté comme d'un moyen essentiel pour faire triompher quelques-unes de ses odieuses entreprises. De ce droit d'ailleurs bien naturel qu'auront toutes les nations de parcourir librement toute la surface des mers, droit dont on ne devrait jamais être privé, pas même

pour cause de guerre continentale, il en résul-
tera que le commerce; qui depuis quelque temps
va toujours en dépérissant, reprendra non-seulement son ancienne vigueur, mais encore un
essor plus majestueux. Il s'étendra sur toutes
les parties du globe connues, et peut-être bien
qu'un jour nous lui serons encore redevables
de quelques autres nouvelles découvertes non
moins intéressantes que celles qu'il nous a pro-
curées. Mais pour qu'il obtienne ces inappré-
ciables avantages, il faut le protéger par des
règles immuables; il faut qu'une fois lancé dans
quelque entreprise, il puisse la poursuivre avec
sécurité; et pour cela il faudrait, comme je viens
de le dire, mettre la tranquillité des mers à
l'abri de toutes sortes de guerres. La chose ne
serait pas absolument impossible; il s'agirait
seulement que toutes les nations fissent un
traité particulier pour le commerce maritime,
et déclarassent que si la guerre venait à éclater
entre quelques-unes d'elles, les hostilités n'auraient point lieu sur mer. Cependant comme il
pourrait résulter des abus de cette latitude,
c'est-à-dire que dans le cas de guerre précité,
il pourrait y avoir du danger pour une puissance en recevant dans ses ports les vaisseaux
de son ennemie, il serait bon de convenir aussi
que pendant toute la durée de la guerre les forces maritimes d'une puissance ne pourraient

approcher, qu'à une distance déterminée , des côtes de celle avec laquelle elle serait en guerre; mais que cependant l'une et l'autre pourraient aller simultanément chez les nations qui seraient en état de neutralité. De cette manière le commerce n'éprouverait aucune altération, ou du moins bien peu sensible; il deviendrait même par son activité non interrompue le spécifique le plus prompt des maux toujours occasionnés même par les guerres les moins meurtrières; parce que, d'un côté, les richesses qu'il nous procurerait nous dédommageraient amplement des pertes que de l'autre nous aurions éprouvées. Cette raison devrait sans doute être plus que suffisante pour faire envisager favorablement une idée inspirée par l'amour de l'intérêt public , mais bien plus par le désir ardent que j'aurais de voir pour toujours les mers exemptes de toutes sortes de guerres. Ce serait là un grand pas de fait vers la civilisation. En jetant un voile sur le passé , nous n'aurions plus devant nos yeux l'horreur de ces batailles navales, mille fois plus affreuses que celles qui ont lieu sur terre; la mer ne serait plus teinte du sang des hommes : elle n'aurait d'autres victimes que celles que lui fourniraient les naufrages, toujours trop fréquens pour le malheur de l'humanité. C'est, du reste, un élément qui porte assez de chances défavorables avec lui, pour que ceux qui ont la témérité de lui confier leur vie, puissent se dispenser de se procurer d'autres moyens de la perdre.

Si mes vœux étaient exaucés, si la liberté des mers était solennellement décrétée, peut-être bien qu'un jour nos neveux, frappés d'un si grand exemple de modération, parviendraient à extirper entièrement du sein de la société ce fléau destructeur avec lequel nous sommes un peu trop familiarisés. Cependant il y a, j'en conviens, des guerres qu'on ne saurait éviter, telles que celles d'une légitime défense, ou d'autres dictées par la nécessité, comme celle que je propose contre l'Angleterre. Mais que penser de celles qui sont résolues de sang froid dans les cabinets des Souverains, sans autre motif que celui de faire donner la mort à quelques centaines de mille hommes, parce que, dit-on, la population est trop nombreuse, et qu'il faut en détruire une partie, sans quoi on se mangerait les uns les autres ! C'est ce qu'on appelle des guerres de politique : elles n'ont été malheureusement que trop fréquentes, sur-tout dans ces temps où la navigation était encore dans son berceau. A cette époque les nations devenant trop populeuses, et ne pouvant, par des émigrations d'outre-mer, décharger leur mère-patrie de cet excédant d'hommes qui aurait occasionné la famine de tous, elles étaient forcées de se faire des incursions tellement désastreuses les unes chez les autres , que souvent celle qui était vaincue ne conservait même pas son nom originaire ; les débris en étaient entièrement fondus avec celle que la fortune avait favorisée. Mais au fur et mesure que la navigation fit quelques progrès , la civilisation se perfectionna , et l'on vit ces sortes de guerres devenir assez rares. Cet état de choses acquit de l'amélioration , tant que les mers furent parfaitement libres ; mais une fois que l'Angleterre se fût avisée que par sa position topographique elle pourrait un jour , n'importe par quels moyens, faire la loi au commerce maritime , cette amélioration s'est insensiblement évanouie , au point que tout semble faire des pas rétrogrades vers ces temps barbares que je viens de citer.

Aussi ce sont non-seulement vos propres intérêts , mais encore l'humanité , qui vous ordonnent, peuples du continent européen , de réunir tous vos efforts pour arracher des mains britanniques cette verge de fer qui vous fait des plaies si profondes. Une fois ce triomphe obtenu , aucune nation du continent ne se verra plus surchargée de population : il y a tant de pays inconnus ou faiblement habités, et qui offrent de si grandes ressources , que des émigrations nombreuses s'empresseront d'y aller chercher fortune , et empêcheront par-là qu'à

l'avenir le temple de Janus ne soit ouvert pour
des motifs aussi inhumains.

D'un autre côté, vos Souverains vous ont
promis, et leur parole est sacrée, de garantir
vos droits par des constitutions libérales ; plusieurs d'entr'eux vous ont déjà fait cette conces-
sion bienfaisante, gage certain de leur sollicitude
paternelle. Bientôt toutes les promesses seront
réalisées ; et si à ces constitutions vous joignez
la liberté des mers, vous pourrez vous glorifier
d'avoir assis, d'une manière inébranlable, les
deux colonnes latérales de l'édifice social.

Toutefois si mes vœux étaient stériles ; si vous
étiez insensibles à vos malheurs ; si, endormis
par les caresses d'un gouvernement perfide,
vous vous obstiniez à rester plongés dans ce
sommeil léthargique ; eh bien ! peuples de toutes les nations, vous mettriez par une telle conduite le comble à l'opprobre qui plane sur vos
têtes. Maintenant que je vous ai fait mettre le
doigt sur la plaie ; maintenant que, sans autre
protection que celle de la loi, j'aurais peut-être
sacrifié ma propre tranquillité à vos intérêts,
s'il arrive que vous les négligiez, s'il arrive que
vous vous montriez sourds à ma voix, l'Angleterre n'en deviendra que plus hardie ; pleine de
confiance dans votre faiblesse, vous deviendrez
plus que jamais les jouets de ses caprices. Cependant qu'elle ne s'y trompe pas, l'heure fa-

tale de sa décadence n'en sera pas moins sonnée :
il est un peuple qui , quoique encore dans le
berceau de son enfance , fait tous les jours des
progrès tellement rapides , que bientôt il nous
fera justice de toutes les avanies que l'Angleterre nous aura fait essuyer. D'ailleurs c'est un
peuple qui , habitant le sol de la liberté , doit
avoir naturellement une horreur déterminée
pour tout ce qui sent l'esclavage. .

Oui, braves Américains , telle est l'opinion
avantageuse que j'ai de vous ; je me plais à
croire , et mon espoir ne sera point déçu , **que**
si l'Europe veut encore traîner honteusement
le joug de l'Angleterre , vous lui rendrez un
jour l'important service de l'en délivrer, parce
que d'ailleurs vous y êtes puissamment inté-
ressés.

Mais en invoquant votre courage , en invoquant votre amour de la liberté , ne fais-je pas
injure à mes propres concitoyens et sur-tout
à mes anciens compagnons d'armes? Ne sais-je
pas que de tout temps et en tous genres ils ont
été les modèles des autres nations ; et que si
un cri de vengeance et de mépris, provoqué par
les vexations les plus odieuses , s'élève de leur
sein contre l'Angleterre , ce cri , semblable à
celui de *liberté* au commencement de la révolution , sera , avec la rapidité de l'éclair , répété
par tous les échos de la Germanie,

(40)

Ah ! qu'ils ont été bien jugés ces Français,
lorsque le plus grand des capitaines , mille fois
plus malheureux que César dans sa barque de
pêcheur , fit , en jetant un dernier regard sur
les côtes de France , cette exclamation énergi-
que : *Adieu , terre de braves , quelques traî-
tres de moins , et tu serais encore la première
nation de l'univers !*

Français , l'adversité n'a point terni votre
gloire ; vous fûtes grands , plus grands vous êtes
encore, et vous le serez toujours , pourvu que
vous ne souffriez plus que l'Angleterre vienne
s'immiscer dans vos affaires politiques. Peuples
des autres nations , suivez les mêmes traces , et ,
le nom excepté , vous serez en tout d'autres
Français.

Pour moi , le seul regret que j'éprouve , c'est
de n'avoir pas eu une plume assez éloquente
pour vous retracer , avec des traits plus frap-
pans et plus énergiques , tous les torts que vous
fait l'Angleterre , et le grand intérêt que vous
avez tous à en secouer le joug. Mais , d'un autre
côté , j'ai la satisfaction d'avoir fait ce que j'ai pu,

Functus sum officio.

FIN.